산초 열매의 고백

김서안 시집

도서출판 경남

경남시인선 129

산초 열매의 고백

편내날 | 2009년 12월 22일

지은이 | 김 서 안
펴낸이 | 오 하 룡
펴낸곳 | 도서출판 경남

주소 | 631-430 마산시 서성동 66-18
연락처 | (055)245-8818~8819/223-4343(팩스)
홈페이지 | www.gnbook.com
블로그 | gnbook.tistory.com
이메일 | gnbook@empal.com
등록 | 제2호(1985. 5. 6.)
편집팀 | 오태민 | 심경애 | 구도희

ISBN 978-89-7675-604-6-04810

〔값 7,000원〕

자서

다시 묶어도 부끄럽긴 한결 같습니다.

나무들이 옷을 벗고 갈아입고 입고 벗고 하는 동안
나는 여태껏 갈아입을 옷 한 벌 장만하지 못하였습니다.

세월은 아무 말하지 않아도
나는 다 듣고 있습니다
그대 인생의 뜰
지금 여섯 시 저녁 그늘이 동동 걸음을 치고 있다고.

| 차 | 례 |

제2부 풀잎에게 듣다

제3부 꿈을 만드는 여자

제4부 빗방울 일기

제1부 아름다운 구속

참꽃

겨울 산 그 발가락이 아직도 시려서

먹을수록 배가 고픈 참꽃은 눈물 같아서

봄 한철 탱탱한 볕살에도 펑펑 울고 싶어서

산초 열매의 고백

언덕바지 설한풍에 고인 한이다
흠뻑 등이 젖어 뒤따라 오는 바람의 교훈이다
국 한 그릇에 풀어주는 그대의
간절한 고백!

핏줄이 터지고 살점이 낱낱이 으깨어져서야
그래그래
인생살이 힘들어 이빨 바꾼 적 종종 있지만
개운하고 칼칼한 그대의 맛이 때로
가을 햇살 한 오라기 붙들고
슬픔으로 느껴지는 이유가 여기에 있는 것을

습작 일기

올해도 나의 봄은
벚꽃 한 송이 올곧게 피우지 못했습니다
낡은 언어와 편견의 행간에서
우둔한 잠에 빠져
아직도 갈아입을 옷 한 벌 장만하지 못하고

발자국마다 흘린 허물이
해종일 빗속인데
잎들이 꽃보다 먼저 이마를 드러내는

시도 때도 없이 당신에게 만취해 있습니다

붉은 망 속의 양파들

심상찮은 부호가 온몸에 피었다
근심이 가득하다
웅성웅성 이대로 갈 순 없어
마지막 들숨 날숨이다
모든 생에는 고비가 있듯
하늘이 어두워오고
그땐 소나기도 내렸을 게다
배가 아파오면서
드디어 양수가 흥건히
참을 수 없어
배를 풀어 산란을 한
천길 허공으로 환호성이
푸른 이파리 아이들로 태어났다
제 목숨 태워서 만든
저 작은 숲 속의
겨울은 얼마나 따뜻한가 푸른가
어머니의 어깨에
내가 애틋하게 옮매여 있듯

건망증

비가 뿌리고 간 빨래 줄이 바람을 탄다

누구시더라
나를 만나자던 이
무거운 모퉁이 어디에서 서성이고 있을까

문득 돌아보면
마당귀 풋감 떨어지는 소리
궁시렁궁시렁 평상에 앉은 한 올 바람에도
떨어져 내려 물이 되어버리는

깜박 떠나가 버린 너는
홀연히 돌아올
방울새 한 마리

지금쯤 어느 문전을 두드리고 있을
가출해버린 나
마른 기억을 꺼내어 녹차 잔에 우려본다

나는 죽어서 말한다

눈 닿는 곳이 모두 맵고 짜고 쓰다 쓰다

바람 같은 소문을 타고

저승행 버스에 스스로 오른 나는

내가 짠밉다*

편도밖에 없는 길에서 보았다

맛없는 세상은

이승 저승 다를 게 하나도 없다는 것을

누군가 호통을 친다

모든 상품의 생명인

유효기간을 무시한 죄목이 쩌렁쩌렁하다

*짠밉다 : 매우 밉다.

고독이라는 이름의 현주소

넘어가야 할
우람한 산의 꼭지를 넋을 잃은 듯 바라보는 것
해종일 헤엄쳐 가도 물결은 그대로 물결로 남아
급기야는 아무것도 아닐 수 있어
내 안에서 부딪혀 깨어지면서 폭발하면서
어쩌면 심장이 내뿜는 빨간 핏방울인지 몰라
아니 아침저녁 밥상인지 몰라
그것은 삶의 본질에서 멀게 아주 가까운 벗이기에

순간 치매에 대하여

나는 봄처럼 시나브로 앓고 있다

순간이란 얼마나 멀고도 가까운 이웃인가
사람들은 말한다
정신의 땅에 내리는 순례의 일상이라고
한 손에 미래를 또 한 손에 과거가
현재를 잠시 놓아버린
또 다른 나를 데리고 온 길고 긴 이음새라고

깜박깜박 일상을 곧장 흘려버리는
행방이 묘연한 순간 멈춤
이는 내게 꺾여 올 분갈이 화분 하나

얼마나 리듬이 있는가
얼마나 뛰쳐나가고 싶은 울음이였기에

천리 밖 제 집을 기어이 찾아오는 매력이라니

상처는 옷을 갈아입는다

구슬이 피었다 바알갛게
그녀의 입 언저리에
깊은 울음이 빚어낸 흔적이

잎들 다 떨어진 가지에
엎드려있던 시구詩句들이 말한다
상처가 켜 놓은 등불이 어디 이쁜이냐고
가을이라는 이름을 벗어 놓고
빈가지 견고서도 의초롭긴 한결이라고

떠나려는 사람 선선히 놓아주고
소리쳐 울어대며
저 혼자 곪으며 터지며
수천 수만 번 옷을 갈아입는다는데

냄비를 닦으면

시간은 상처투성이다

아뿔싸! 또 태워버린 냄비를 닦는다
화상 입은 여자의 비명을,
한껏 부려만 먹고
무시로 쌓이는 울음을
모른 척해 왔다
혼선된 주파수를 맞추어 보아도
제 갈 길을 헤아리지 못하는 여자
검은 숨을 들썩이는 여자
비 소리를 내며

냄비를 닦으면 늘 비가 왔던가
슬픔마저 흔적 없이 닦여버린
비를 입은 그 여자
창밖에 패랭이꽃이 보라색 브래지어를 걸치고 있다

아름다운 구속

아무도 풀 수 없는 이 결박

오늘도 나는 내 집에서 내 집으로 출근한다
나와 한 몸으로 어우르는 이곳
하루가 열리는 시간이면
공복의 아이처럼
나의 아침은 딸그락 딸그락 주방으로 온다
손가락을 칭칭 동여매어도
가슴에 파도가 소용돌이쳐도
나의 달력에는 일요일도 놀토도 없다
순응하면서 사는 일에
무슨 볼멘 소리냐고

호박잎도 이따금 반짝인다는데
솟대 끝에 앉은 나무새도 허공 높이 날고 싶었다

평생 퇴직 걱정이 없는
위풍당당한 나는 별정직 주방장이다

아무도 풀 수 없는 이 결박
손가락으로 살짝 튕겨보면
만 냥 빚 울음이 하도 맑고 깊어서

쑥뜸을 하다

불덩이가
지친 마음과 몸을 달래어 준다는
그대의 말을 믿는다
연민처럼 피어올라
더 크게 더 깊게 살을 태우며
나를 먹어치운다

비바람 들이치는 날이면
여기저기 관절통 요통 손 발 저림
삐뚤 삐뚤 야위어가는 생각에 싸여
환하게 독 오른 나
오래되어 낡은 꿈이
바스락바스락 보채는 오후
창 밖에 성화같은 봄비만 보슬보슬

어느 날의 피서

세계지도를 벽에 걸어놓고
오래오래 바라보고 있으면
크고 작은 대륙들이
출렁출렁 파도를 타고 몰려옵니다
성큼 한바다에 놓여진 나

울도 담도 국경도 없는 이 곳에서
어울려 사는 지상의 크고 작은 별들에게로
바람도 없이 돛을 올립니다

문득 뱃머리를 돌려
아프리카 어느 곳 배고파 서러운 땅에서
먹울음 같은 얼굴의 그들 손을 꼭 잡아주었습니다

꿈꾸는 피서가 이리도 아름다운 것을

아득히 하늘은 깊어지고
어느 듯 삼복더위에서
나는 한참 멀리 떠나와 있습니다

공을 차고 싶다

학교 운동장에서
공을 차고 있는 동네 청년들
내 발치에 공 하나 떨구어 주네
휙 차서 도로 날려 주고 싶네
오랫동안 내 안에 갇혀 있던 나를
허공이 휘청하도록
그렇게 차버리면
옹이 진 길이 우지끈 부러져
허공에도 환히 신작로가 열릴지 몰라
부실한 나를
단숨에 날려 보내고 싶어서일까
이 바보야 멍청아 못난 것아
발가락이 발목이 얼얼하도록
하늘 높이 무거운 일상의
나를
띄워 보내고 싶네
휙 – 멀리 더 멀리

시간의 꽃
—신이 인간에게 준 선물 중 가장 공평한 것이 시간이라 하였던가

내 손등도 꽃이 피었다
시간이 게워낸 한 겨울에도 피는 꽃

가장 헐벗은 순간을 입고
몸의 허공을 떠돌다
고향집 바자울 그늘에 피곤을 풀어놓은 듯
귀소 하는 저승꽃 몇 개
어느 돌아선 대궁을 깨워 피었는지

문득 멈춰버린 하늘아래 깊은 침묵을 이고
진실로 침묵하는 사람만이 들을 수 있는
그의 모국어를 해독하기 어려운데

한바다에 잠겨 있는 섬도 아닌 것이
늦가을이 남겨놓은 발자국도 아닌 것이
천만 년 전 누군가 흘려놓은 불치의 울음소리가

누가 몰래 다녀가신 것인가
유리창엔 하루 종일 바람이 와서 운다

바람을 건너다

3시와 3시 삼십 분 사이
사람들은 두 개의 분침을 가지고 다닌다는데

호수가 내려다보이는 벤치에서
너를 기다린다
삼십 분의 길이를 재어보는 동안
내려다본 호수의 물결
훌쭉 키가 커버린 포플라 나무도
기다림에 지친 나처럼 늙어가고 있었다

나무도 마주 보고 사는 세상
텅텅 비어 있는
바람이 되어 사라져 버린
바람 속의 나
오 · 늘 · 바 · 람 · 맞 · 았 · 다
손 전화엔 당신의 기호를 묻는 광고문뿐
3시와 3시 사이 강물 위 다리는 흘러 무너졌다

그러나 동서로 드리운 구름가지가 한때는

네게도 기다리는 울음 실은 적 있었지
언제 풀릴지 모르는 통화 이탈지역에서
바람을 달래며 유령처럼 서 있다

내 안의 둥지에는

새 한 마리 살고 있습니나
어미도 아비도 없지만
달이 뜨고 해가 지는 이치를 알고 있는
즐거움보다 슬픔에 민감한 짐승입니다
당신의 중심인
나를 건드리지 말아주세요
내게도 생존의 법칙이 있어
작은 가슴으로 끝없이 목숨을 펌프질하며
어느 날 마지막 열차를 놓치고
마구 흔들려 찢어지는 외로움을
그 고통을 당신에게 지불하기도 하지만
그러나 아무도 없는 나는
산을 넘고 또 저산을 건너갈 의지가 약해
내 창문에 상형문자 같은 성에가 피면
아파요 너무 아파요
밤이 늦어도 염치없이 당신에게 전화를 걸기도 하였지요
무엇이 죄인지도 모른 채
보이지 않는 내 안의 적에게 알약 몇 알을 건너기라도 하면

새는 무슨 말을 알아들었는지
하늘은 갈색 슬픔을 벗고

아 어머니 저기 별빛이 보여요 추파를 던져줘요

저 여자 아침 형이다

아직은 이른 시산
높은 음계를 뽑아 아침을 여는 여자
바람도 앞서거니 뒤서거니
어깨에 매달린 줄무늬 가방도 숨이 가쁘다

아침상을 치우고
번개같이 그린 아침 화장은 분명 누군가의 엄마인 듯
플라타나스 가로수에 매달린 찬 공기며
질주하는 버스들도 붕-붕 부추겨 주듯
그래 그래
한 치의 늦음도 허용치 않던
나를 깨우시던 어머니의 자명종 소리를 가슴에 품었는지
똑똑 구두소리에서 종소리가 쏟아지는 저 여자
그대 파도치는 몸에서 등 푸른 바다가 보인다
풍덩 뛰어 들고 싶은 내 몫에 대하여
매양 허공을 휘저어도
어느 기슭에 등불처럼 걸려있는 절정을 향하고 있기
때문인가

오늘 아침 어느 기록부에는
깨알 같은 노란 햇살이 섬섬 바다를 향하여 피어 있을지도

제2부 풀잎에게 듣다

산초 잎 따다가

불모산 중턱
어젯밤 내린 비로
수풀은 일제히 샤워를 하다가
늦잠이 들어버린 숲 속에서
맵싸한 산초나무 유혹에
배낭을 내려놓았다
뜻밖의 침입자에 화들짝 깨어버린
산미나리 하얀 웃음도 멈칫하다
산초잎 따는 마음이
산초나무 가시만큼이나 따가운데
손끝에 맺힌 피가
왜 이리 붉은가
산초나무 마음에 상처만 주고
온몸에 푸른 핏자국만 남겨 놓고
돌아서는 일행
기껏 사랑이라는게
몸 구석구석 뒤져서 챙겨 가는 욕심일 뿐

청솔모 반짝이는 눈이
허기에 차 있다

엄나무

가시를 딴다
혈색이 백지 같은
코 흘리게 아들 달여 먹이려고
창날 같은 가시를 딴다
선전포고도 없이
어미의 피를 흘리게 하는 저 나무

산다는 것은
가시를 따는 것일까
가시도 약이 된다는
몸에 좋다는 저 나무가
완전 무장을 하고 있다는 것은
저리 무섭게 지켜야 하는 것이
삶이라는 것을 다시 배우면서
손엔 핏물이 배인 줄도 모르는
저 아낙
긴긴 하루를 따고 있다

여뀌 꽃 연가

담배씨보다 작은 저 눈빛들이
구부린 허리로 사방을 밝히고 있네

그 동네 그 이름도 잊었지만
가난의 줄기에 주렁주렁 매달린 딸들이
여뀌 꽃처럼 빨갛게 피어 있었지
부자 집 수양딸도 마다하고
가난을 오히려 꾸며 입고 살았지

어느 뉘 불러도 돌아보지 않고
다닥다닥
서로의 체온에 몸 녹이며
그렇게 옹골차게 살고 있었지
그 푸르던 젊음 목말라 있던
그 때 그 엄니
자식의 무게에 휜 허리
차마 흔들어 오래오래 깨우고자
더 붉게 붉게
맑은 햇살에 종일 헹구고 있네

해마다 이맘때

솟대산* 아래 산딸기는 빼꾸기 울음소리 먹고 자란다 묵정밭 풀뿌리가 얽히고설키 듯 천만 개 햇살에도 헤어나지 못하고 젖은 생각들이 울컥 울컥 꽃을 피우면

죽음에도 달이 차고 빼꾸기는 밤마다 목이 쉬는데 잎이 피고 잎이 져도 못다 한 슬픔들 부러질 줄 몰라 피지 못하고 지고만 말들이 핏빛으로 익어간다 슬픔처럼 익어간다

*솟대산 : 중국 민항기 사고 지점.

호접란

우체국 현관 앞
푸짐한 저 한 상! 누가 차려 놓았나
아직도 김이 모락모락 오른다

보라색 예쁜 앞니를 드러내놓고
어깨가 부러지도록 피었구나!

수심 겨운 이들 이마 주름살을 펴 주리라
발이 부르트도록 걸어 왔을 것이다
몇 줌의 힘과 땀이 밀어 올린
한 끼의 공복보다 더 배가 부른
탐스러운 이 성찬 앞에서 나는 듣는다

내가 우체국에 오는 것도
오면서 어지러운 차량의 물결을 건너는 것도
모두가 한 상 차리기라면
이 아침 목 놓아 부르는 저 만개!

저 화분 속에 내 날개를 심고 싶다
아주 작고 작은 내가 달그락 달그락 그릇을 씻고

파를 다듬고 수저를 챙기고 있는

언제부터일까
세상의 아들딸을 위한 심서의 경전! 저 상 보기는

햇살을 먹다

저녁 밥상에 파릇파릇 햇살이 돋아난다
푸른 들판이다
풋마늘 정구지 오물조물 무친 원추리나물
이를 악물고 두 손 호호 불며 겨울 강을 건너와
스스로 다듬고 무쳐서 이른 봄을 키워가는

한 계절을 훌쩍, 햇볕은행에 켜켜로 모아 온
봄볕 고슬고슬한 이 밥상 앞에서
어떤 우화羽化를 보는 것은
번데기 같이 기어다니는 작고 여린 햇볕의 기억 때문일까

겨울 숲길에는 보이지 않는 날개가 걸음마다 묻혀 있어
햇살의 작디작은 날개가
내 살갗으로 뼈 속으로 봄눈 녹듯 녹아드는데

주남저수지를 만나다

겨울 가고 봄이 오는 이치를 깨닫고 견디는 것이
얼마나 잔인한지를 아느냐고 물었지요
소통되지 않고 넘어질 때마다
남겨놓은 자의 뜨거운 수혈이 봄철을 당겨오는 길이 있다고

어제 밤 꿈길에서 조차 놓지 못해
작은 발짓들이 홑이불을 걷어차고 있습니다

저 적막 같은 슬픔덩이가
쉬지 않고 퍼져가는 사랑덩이가
억새풀 넘어 내게까지 수혈의 손을 뻗히나 봅니다
내 몸이 조금씩 순해져갑니다

피 돌기 따라 발끝까지 흐르는 물결이
얼마나 행복한지를 알게 되니
그리웠던 지난날을 자꾸 호명해봅니다

주남 연꽃 군락지에서

허리들 쑥– 뒹겨 올려
완강히 제 자리를 사수하는 저 젊은 시인들!
선혈의 언어들이 입을 열었다
이몸 입은 사랑 하나로
선량한 시인들의 소망이 우주의 무게로 담겨 오다

천사의 입술이 곱게 봉해졌다가 세상 넓이로 핀다고 썼다가
나는 사철 젖은 땅을 딛고서도 빨간 심장을 가진 자로 고쳐 적었다

꽃비가 우수처럼 내리는 오후
아 님들 거룩한 시편들
바다 하나 산하나 들판 하나 소리소리 가득하다

대원사 계곡 바위덩이는

내 작은 집 덩치만하다
사철 벗었으니 사철 입은 몸이라
고독을 즐기는,
무거운 몸 후들거려 쉬려는 것인가

화석 안에 잠들었던
저 큰 몸집의 사나이가
천년 품고 있던 빗방울과 바람소리며 햇살 조각들이
대원사 계곡 맑은 물소리로 흘러내린다

저 비 소리에 불려 나왔을까
저기 저 산모롱이 돌아가는
빗줄같이 가녀린 여승의
뒷덜미를 바라보는
갈 곳이 너무 많아 갈 곳이 없는
저 사나이의 슬픈 눈빛!

산꽃이 피었다 졌을 산 길 모롱이엔
오늘도 산다화 입매 터져 빨간 목젖 보인다

목련 그리고 비바람

와 –
이마에 송골송골 땀까지 맺혔는데

층층 먹구름 게걸스레 먹더니
하룻밤새 폭우로 변심한
당신
그녀의 창문 깜깜하게 닫히고
이불도 요도 함북 젖어버렸네
혼신을 다 한 청상의 무리
피 한 방울 흘리지 않고
땅바닥에 몸져누운 저들
버려진 슬픔 위에 내리는 일몰
가장 눈물겨운 것들끼리
저희들끼리
만장 하나 없이 장사葬事를 치르고 있네

멀리 허공을 울러 퍼지는
어 – 허이…
인제 가면 언제 오나

사랑은 어디에도

지난 가을부터
출산을 준비하던 영산홍 화분
발그레 핏물이 양수처럼 배인 임부
환히 다가설 그 날을
빨리 만나고 싶은 성급함에
거실로 이사를 시켰다
몇 번인가 흘끔거리는 내 눈길을
저들도 짐작했을까

배냇아기 둥실 두둥실
어느 깊은 블랙홀을 지나 왔는지
간밤엔 내 뼈마디가 산산이 무너지고
창문은 덜컹덜컹 바람보다 깊이 젖었었나 보다

세상에 태어나는 어느 아기도
어미 보다 산 하나의 고통을 더 입어야 한다는데
이 아침 구름집을 좌–악 찢고
쏟아진 햇살꽃!

오동나무 어멈

산능성이로 올라가는
비탈진 길목
한쪽 다리를 힘겹게 치켜 든
오동나무 한 그루
부챗살로 피어오른 햇살이
온몸을 껴안고 있다
막 무너져 내릴 것 같은
푸른 하늘을 받치고
죽음의 불기둥이 스친 얼룩진 비명도 보인다
오랜 시간
다시 올 새벽을 잘 준비한
푸른 젖줄이 핑그르르 도는
가례댁 어멈이다

신도 가끔 쉬어가는 오동나무 넓은 오지랖

관음죽 화분을 옮기면서

어두컴컴한 벽을 마주보고 서있는
구부정한 그를 보며 나무도 맹목으로 달리지 않음을 알았다

만산萬山한 몸집이 엄두가 나지 않아
조금 치켜 올렸다 놓았다 빙빙 빙그르 화분은
제자리 걸음인 듯 끝내 이사한 집
햇살 한 됫박 바람 입맞춤에 하늘이 열린다

마음 가난하던 어제
무겁고 버거워 버릴 수도 가질 수도 없어
시뻘겋게 멍들었던 한때
와장창 내던져버릴까
울컥 토해버릴까
세상이 그믐밤처럼 깊이 허물어져
화분보다 무겁던 이야기

지금쯤 어느 빈 들판을 쏘다니고 있는지

비닐하우스의 꿈

한낮에도 주렁주렁 떠오른 덜딩이
빨갛게 익은 겨울 토마토가
막 터질 듯 탐스럽다
허공에 자리한
주먹만 한 알몸들이
집을 짓고 살림을 차렸다 꽃보다
고운 여자들

설움도 둥글둥글
처마 밑 허공에서
립스틱 짙게 바른
꽃보다 붉은 여자들
한 잔 술에도
만취한 저 여자들
스스로 걸어 온 길에게
고통을 지불하고 있다
지불 받고 있다

은행나무는 알고 있다

아파트 벽 쪽으로 바짝 붙어 선
은행나무 한 그루
그는 허공에다 길을 내면서
제가 가야 할 길을 알아차린다
한 여름의 우렁찬 목소리에도
끝내 뚫을 수 없는 길이기에
한쪽으로 한쪽으로만 뻗어 가는
무성한 가지들을 보며
일터에서 잃어버린 어느 분의 팔 하나의 서러움을 본다
누군가 심어준 그 자리에서
허공의 계단을 신고
끝없이 성장하는 그
끝내 갈 수 없는, 길은 없다는 것을 잘 알고 있으므로
오늘에 충직한 그는
불균형에도 지켜야 할 정절을 푸르게 푸르게
불태우고 있다

풀잎에게 듣다

가만히 손 끝 들여다보면
작은 일도 손톱에 가시로 꽂힙니다

힘든 속내 울컥울컥 마음 놓고 내뱉을 수 있는
동네 가운데 키 작은 산
벌레 먹은 잎새 꺾어진 가지도 정겨워라
쑥대 강아지풀 마디풀 쇠비름 큰대로 작은 대로
무엇 하나 탐하지 않고
저희들끼리 터를 가꾸며 살아가는 풀잎 동네
바람이 달려옵니다
마중하듯 일제히 바람의 등을 탑니다
발끝 저려 흔들리는 길에선
풀잎도 우우 – 울음보를 터뜨리고
꺾어진 허리 잘릴 줄도
제 몸 내어 주는 것도 알고 있습니다

쓰라림이 훑고 지나간 자리에
푸른 식구들 고요히 피어 흔들리고 있습니다

제3부 꿈을 만드는 여자

뻐꾸기가 우는 내력

청솔가지에서

목이 쉬도록 울어대는

아무도 알아들을 수 없는 저 주문呪文

바른 길 앞에 두고

첩첩 에움길 돌아 돌다 온

뜨거운 한을 입은

뼛속까지 배어 있는 그 사람을 울어주는

핏빛 진혼곡이다

아름다운 사람들

—베이징 올림픽 선수들에게

작은 고추가 맵다지요

여린 고추 모종들 바람에 시달리며
손바닥 발바닥에 피가 맺히게 허공을 짚고 서서
쏟아지는 땡볕에도 옹알 옹알 내 새끼들 저 맑은 눈빛
이라니

가는 길 한때 가시덤불속이어도
저기 언덕배기 내 집엔 등불 환하고
오이 가지 토마토 다홍고추 모두 모여
날쌔고 싱싱하게
한 계절 잘 달려 왔다고 서로 뜨거운 치사를 한다

진초록 물이 뚝뚝 배어드는 팔월이었지
너무 작아서 예쁘고 예뻐서 큰 나라
저 밤송이 같은 선수들 열기가 화면 밖까지 쏟아진다

젊은 친구 목림에게

그녀를 만나면
내 허리가 먼저 아프다
그녀의 밭고랑 숱한 풀포기에
날 선 호미가 되어주고 싶다
일을 하지 않으면 온몸이 쑤신다는 그녀
날마다 제 생을 가꾸는 빈틈없는 일꾼이다

흙을 뚫고 불쑥 솟아오른 배추가
가을처럼 자라면
그대 또한 완성된 배추 한 포기가 된다

나는 그 배추 옆에서 노니는 바람이다가
이름 없는 풀포기였다가
한 줌 두 줌 채소에게
진 빚이
사래 긴 밭보다 깊고 먼데

다 늦은 저녁
한 소쿠리 푸르고 싱싱한 말씀을 받아 안고
그 귀한 마음 따라가기에 멀미가 난다

콩나물밥 그 추억

총총 잔파에 소소 뿌린 깨소금 맛도 일품이지만
고실고실 잘 퍼진 밥맛이 더 입맛이지
살빛 곱던 이웃 아낙
열 달 가꾸는 꽃밭 무성한 배를 안고
양푼에 밥 비벼 먹고 싶다며
부엌문을 열고 들어왔었지
기미꽃이 환하게 피어있던 그 아낙
앞 뒤 꼭지 삼천리 같은 아이 받고 싶다며
먹성이 둥글둥글 탐스럽더니
달덩이 같은 아들이었을거야

그 아이 지금쯤
지구의 정수리에 발자국을 찍고 있을까
소소 뿌린 깨소금 맛보다 더 맛있게 자랐을
콩나물머리 같은 기억들이
가물가물 멀어져가는 저녁 답

꿈을 만드는 여자

욕조에 물을 받고
이불을 담는다
둥둥 소문같이 떠다니며
그녀는 파도를 부린다
철썩철썩 밀물과 썰물의 리듬이
시간의 고삐를 풀고 밟는다
성난 파도를 밟는다
물 먹은 눈빛들
깊고 어두운 골목을
지나온 물살이 가릉가릉 꿈이 가쁘다
우르르 빠져나온 허물, 때를 벗기며
노래를 부르는 여자
저만치 우회로 돌아 가버리는 잠을
가실가실 만드는 여자

福 이야기

티브이 화면에서 본
주머니 전시장

십장생 수가 놓인 귀 주머니
복福자가 복스럽게 박혀있는 쌈지, 안경, 두루 주머니
등등
손 위 어른이 아래 사람에게 하사하는
어느 것에도 복을 희망하는 복자가 별빛 같은데

눈길이 오래 멈추었던 그 이름
향낭!
궁중 나인의 애틋한 사랑이 숨겨진
마른 꽃을 담은 향주머니

그놈의 복, 복이 무엇이길래
그 향주머니가 오랫동안 그 슬픈 사랑을 위로한다지만
복福 복자가 가로세로 낭자한 울음을 터트리고 있다

나를 때리다

하교 시간이 지난 교정에서
흘러나오는 소리 소리들

시간을 대여 받아 장구를 배우는 사람들
두당당 두두당당 스스로를 꾸짖으며
스스로를 때리고 있다

집시처럼 떠돌다 길 위에서 잃어버린 가슴들이
학교마당 울타리를 넘어 신작로를 향하여
엉킨 길을 풀어내고 있다
마구 터진 울음들이
마침내 꽃비인 양 쏟아지는 소리

멀리 갈수록 가까이
내 손에 장구채가 마구 흔들리고 있다

꿈의 병동

덜컥 문이 열리고
판독 렌즈를 낀 의사가 앉아 있다
메스가 필요 없는 나라
가슴 가운데 살점에 촘촘히 박혀 있는
지퍼가 천천히 내려지고
어느 세상인들 다르랴 살아 있다는 것의
벽에 부딪치는 일
옷차림이 다르듯 제마다의 생이
가슴 가운데 한 폭의 풍경화로 그려져 있다

건강 염려증 환자, 온몸이 버드나무처럼 축 처진 사람 올해 들어 잦은 비가 위험수위인 걸 제방공사를 서둘러야겠어, 탁 탁 우시장 등급 검사인을 찍듯 등엔 시퍼런 처방전이 붙은 사람들

누군가 수술실 문을 노크
"안구 교체박스" 비행접시가 왔다

컴퓨터 당신

낡은 것은 낡은 것끼리 기대이 신디
비 내리는 저녁답에 들이닥친
감기 바이러스, 재채기에
깜깜하게 지워진 창

탈영이라도 하고 싶다는 건가

하지만 입어야 할, 벗어버려야 할 것들
모두 껴입은 나를
몽땅 저장하고 있는 당신
생이 저문 줄도 모르고 애꿎게 부려 먹은 탓인가
제 몸 가득한 전율로 쩔쩔 끓어오를
재생창도 있다는데

길고 긴 강물의 말을 짧게짧게 짙푸르게 즙을 짜고
씨줄 날줄로 직조되던
그 환희 같은 고통!
오늘은 가벼워지고 싶어라

당신의 새집에서
가슴에 품었던 새들을 저 숲으로 몽땅 날려 보내고 싶다

시 인

어제 밤에는
차가운 겨울비를 맞고 있는 시인의
출판기념회에 다녀왔습니다
평생을 글쓰기 외길에
바람 부는 날이 하도 많은 그는
50대 후반에 급기야 가계를 파산하고
온 가족이 갈잎처럼 뿔뿔이 흩어진 후
창고 같은 지하실에서 혼자
삶이 아닌 생존 그것이였습니다
신부전증
콩팥에는 2개의 결석과
위장에는 4개의 혹이 자라고 있다는
그의 얼굴에는
빈 들판에 하얀 찬 서리가 내리고 있었습니다
많은 문인들이 오셔서
격려의 따뜻한 마음을 모았습니다
답례 말씀에
〈열심히 공부하여 더 좋은 시인이 되겠다고〉
추워서 떨리는 밤에
뜨거운 불꽃으로 온방을 뎁혔습니다

겨울 노점

검붉게 탄 저 여자 얼굴에
가로 세로 묶은 삶의 집
사과 몇 상자에 무더기무더기 좌판들
청소하던 빗자루를 내려놓은 한낮

몇 개 과일을 담은 검은 비닐봉지
배달하는 길은 늘 달음박질이다
마른 북어 살결에 뜨거운 가슴
남루한 둥지에
고만고만 핏줄의 어여쁨이야
이 겨울 혹한에도
코끝이 찡 발끝까지 후끈해온다

휑하니 찬바람이 몰려오는데

화끈하게 취하는 것은
포장마차 소주잔뿐일까
삶에 취한 저 여자
만원 지폐 한 장에도 시퍼런 신바람에
축축한 등줄기가 차라리 싱싱하다

골목시장이 출렁거렸다

삶은 늘 바람 속에 시달린다

메밀묵 산나물 풋마늘
할머니의 좌판 고단한 꿈 위로
노란 햇살이 구석구석 덜 깬
아침을 깨워 일으킨다

닭 오리 몇 마리를 짐칸에 실은
오토바이 청년, 무슨 신 나는 일이 있는지
골목이 출렁, 노래를 흘리며 지나간다
멀리 사라져가도
고달픈 골목시장의 어깨가 들썩거린다
어깨를 툭툭 치고 가는 건달 바람도
오래된 옛 친구 같은 아침나절
퀴퀴한 바람내와
복숭아 꽃물이 배여 든
시장 골목에 아침 햇살이
새들의 속깃털 같이 날아오른다

왓플 파이
—청각 장애자에게 특혜로 주는 빵집

신어산 입구에 들어서자
확 – 풍겨오는,
먹음직한 빵 한 봉지를 사 들고
산길을 가면서
젊은 그들 부부를 생각합니다

꽃봉오리 깨물면 피어나는 비릿한 향기가
소리 없는 그들의 정담이
내 뒤꿈치를 자꾸 밟아오는데

–우리가 만든 빵은 예쁜 아기 웃음 닮았지
새파란 하늘냄새도 날꺼야

빵을 굽는 아낙의 목소리가
조약돌 굴리는 맑은 물소리로
고운 꿈으로 따라옵니다
저들이 말하고 싶었던 말하지 못하는

신이여
앗차 놓쳐 버린 당신의 귀여운 새 한 쌍

여위어가는 겨울 햇살 아래 소매를 걷어 붙이고 있습니다
저 울타리로 선 개나리꽃처럼 아낌없이
샛노랗게 피어나고 있습니다

저 남자

바람 낮은 산실에서
지게를 받쳐 놓고 쉬고 있는
저 남자
작은 작대기 하나가 지탱하고 있는
지게의 무게가
저 남자의 힘겨운 삶 같아

담배 한 대 피워 물고 내려다 본 발치에
질경이가 빤히 쳐다보고 있다
뭇사람 발길에 뭉개져도 파랗게 웃는 모습이
세상 밖 어느 모퉁이에 걸어놓은
서러운 등불 같아

시를 쓰는 고통이 서럽다지만 끝내 따라오는
소중한 정신의 꽃송이를

산에서 얻은 물소리 새소리의 교훈을
무겁게 지고 이제 곧 내려올
액자 속 벽에 걸린 저 남자

훌훌 짐을 벗고 벽을 내려 올 저 남자
오래 오래 내려오지 않는 저 남자를 기다리는
게으른 풍경속의 나는

九 月

사람을 망치로 두들겨 빚었다는 대장장이 프로미시우스
신명이 난 그는 휘파람을 불면서
앞주머니 뒷주머니도 더불어 덤으로 주셨네

손을 쑥 넣어보면
시시콜콜한 자랑과 오만과 뜬구름 몇 조각이 한 움큼,
음 – 아닌데 이건 아닌데

손에 잘 닿지 않는 뒷주머니 가득한 내 중심의 메시지가
끙끙 힘든 나들이에 투덜거린다

문득 좌판 할머니가 건네는 산나물 한 줌의 덤이
눈물겹게 고맙다

운 명

큰 길 갓 길이었다 개똥지바퀴 한 마리가 매미를 덥썩 물고 내렸다 인기척에 놀란 새가 그만 입에서 매미를 놓치고 놓친 매미가 날아가는 순간이었다 매미는 찰나에 목숨을 구했지만 새의 주린 배는 누가 채워 줄 것인가

질기고 모진 것이 삶이라는데
누가 때리고 누가 맞은 것인가
다가오라는 손짓도 아니요 그냥 가라는 시늉은 더욱 아닌데

–냉이 꽃은 낮게 사는 이를 위하여 피고 꽃다지는 서로 어울려 산다는 뜻이라지요

씁쓸한, 위대한

아버지가 할머니를 지게에 지고

깊은 산 속으로 들어갈 때

하늘 한 자락 오금 아프게 내려오고

가지에 앉은 바람도 글썽 글썽

떼무덤 누운 천지간에

불길처럼 일었다 돌아가는 길

핏빛으로 토해 놓은 철쭉 사이 사이

꺾어놓은 솔가지

어룽진 슬픔에 퍼런 멍이 들었는데

어느 발치에 선 내가

닳은 신발 끌며

넝쿨처럼 딸려가는 세월을 봅니다

제4부 빗방울 일기

봄이여

이 아침

한 목소리로 쏟아져 나온

호숫가에 버들눈!

꽁꽁 얼었던

호수물도 기다렸다는 듯

무더기로 날아온 햇살들이 치마끈을 풀어준다

여름이여 안녕

헉헉!
길고 긴 목이
허둥지둥하더니

딴청을 부리듯
동네 어귀로 빠져 나가는 날

초이레 달빛이 자리를 펴기 전에
매듭 풀린 가을이 호들갑으로
오실 줄이야
은혜로운
이 체온이 능금같이 익어가는
가을의 골목에서
꼭 껴안고 싶어라
당신

허 행

바림도 햇살도 다 불리 모은
낚시터
어떤 놈이든 걸리기만 해 봐라
한순간이 듯 던진 하루
부질없는 옹이까지 낚아버리자
어느 듯 하루해도 시들시들 떠나려는데
무수한 기포만 일고 있는 수면
피래미 하나도 내 것이 아니어서

선운사 이월 동백이 듯 뚝뚝 떨어지고 마는
오늘도 계면쩍은 원고지처럼
가난한 어족이야 빛 좋은 지느러미 어디에도 없고

애꿎은 오뉴월 땡볕을 달구고 있는
창 밖 은행나무 참매미 한 마리

설날 아침

무축 단잔의 질서에
마음을 담은 제문도 없이
어동육서, 홍동백서의 의식이 부끄럽습니다

사는 일에 비바람 떼구름이 저를 다녀갈 때마다
꿈에나 뵈었더니
창가에 앉은 달빛조차 까닭 없이 서럽습니다
어머니
당신의 제전에 무릎이라도 꿇을 양이면
어쩌면 스쳐가는 체취가
슬쩍 제 손아귀에 쥐어져
온 한해가 저에게 담기듯 합니다

얘야
젖은 꽃 매달려 아프다 해도 순간이란다
무말랭이 호박우거리도 가볍게 여기지 말거라
어깨라도 스치시며
잃어버린 저를 주섬주섬 챙겨주시는
잊지 못할 연민이옵니다
오늘 하루만이라도

가을 편지

오늘 그녀를 만났습니다
오색조명이 쏟아지는 무대의 바다에서
뻘밭을 헤집고 다니다
험한 질주의 파도가 되면서
바다의 핏줄을 울리기도 하는
그 여자
모세의 지팡이가 바다를 가를 때처럼
오늘 온몸으로 갇혀 버렸습니다

천리 밖 귀향을 늘 문 밖을 서성이던 그녀
저무는 바다 위에 떨어져 내리는 단장의 꽃잎들은
박수의 도가니였습니다

여자의 일생에 눈시울을 적시던
어머니 당신에게
오늘은 구름 한 자락 당겨서
주소 없는 주소에 편지를 드리고 싶습니다
그래도 남아 있는 말 있어
당신의 부재를 아프게 눌러보면

뚜-뚜 이 번호는 없는 전화번호이니…
가을 산모퉁이가 화들짝 깨어나는 저녁답입니다

늙은 문패들

지붕이 이마를 맞댄 골목길에
따뜻한 마음들이 살고 있습니다
낮고 낡은 대문짝에
수위처럼 서 있는 오래된 사람들
망치를 들고 못을 박고 이름을 매달았을
세상의 아버지가 할아버지가
덕지덕지 삶의 땟자국이
어디에서 본 듯
따뜻한 실핏줄 같아서
등 따스운 하룻밤을 내어드리고 싶습니다
대문짝 처마 밑을 사랑방인양
나물 한 젓가락 집어 올리듯
저리도 애틋한 사랑이
검버섯 만개한 적막을 붙잡고
누군가를 기다리는 듯 백년을 살고 계십니다

뻐꾸기가 우는 것은

어린 시절엔 그저
배가 고파서인 줄 알았다
좀 더 철이 들어
감미로운 추억 타령에다
생의 뜨거운 속앓이
토해 내는 입김인 줄 알았다

봄꿈도 서러운 어느 날
종종 걸음으로 달려온
삶의 벼랑 끝에 앉아
온몸으로 열창하는 저 소리꾼!
어느 둥지에 알을 놓고 저 혼자
우야꼬 내 새끼들
울컥울컥 앞산을 친다

모성은 외롭다

무니지고 허물어져
이름 없이 산다 해도
이 한 사랑 슬프고도 높아라

용지호수 난간 아래 돌담을 끼고
응석처럼 떠도는 생명들
큰 팔뚝만한 가물치 한 마리가
알에서 막 세상 밖으로
태어난 기쁨을 참을 수 없다는 듯
고물거리는 한 무리 배냇아기를 보호하고있다

여니 때는 두런두런 인기척에
총알같이 도망치던 생의 집착이
손에 잡힐 듯 내려다보이는 사람들 앞에서
저토록 뜨거운 사랑을 내뿜고 있다니

우리가 끝내 용서할 수 없는
죄 앞에서도

저 어미의 슬픔을 달래어 줄 수 없거니

이 아침
하늘을 헤엄치던 구름들 고운 손을 흔들고 있다

가로등의 하루

홀쭉 키민 큰 지 사내
무슨 생각 저렇게 골똘히 하는지
잠시 멍 하는가 하면
오랜 침묵의 계단을 밟아 내리며
혹은 밟아 오르며
비틀린 화음을 제 자리에 옮겨 놓은 듯
씩 – 흐뭇한 얼굴이기도

산다는 것이 누군들 다르랴만
비가 내리고
눈발이 쌓이고
잊혀져가는 시간 속에서

이따금 기억 속 추억 한 토막 꺼내어 보면 돌 뿌리에 채이고
채이면서 살아가는 이야기, 아기 잃은 엄마의 천둥소리가 묻은
벽보를 내 옆구리에 붙이고 돌아서던 얼어붙은 그이의 뒷모습

아픔이 익어터진 살갗 사이로
성숙한 알갱이들
가을볕도 마중 올 것 같은데
사랑아 사랑아
저 쪽빛 하늘에서 강물 소리를 듣는다

외로운 전쟁

한우산 소나무 ㅗ늘 아래서

갈증을 달래고 있는

산악 사이클 동호인들

삼복도 내려와 부추기고

산의 폐부가 깊숙히 꿈틀거린다

혹한보다 더 가혹한

불이라도 삼킬 듯 펄펄 끓는 땡볕

신의 의지를 시험하시니

무량한 저 산을 힘주어 열고 있는

아름다운 천난만고千難萬苦!

비가 옵니다

수군수군 밤늦도록
혼자서 이야기하는 여자
줄무늬 긴 치마를 입고
자꾸만 나를 불러내는 여자
가까스로 밖으로 나온 나 본체만체
발자국 꽂힌 자리 길을 내어
동동 떠내려가 버리는
사철 슬픔을 입고 사는 여자

저만치 뒷꼭지만 보이는
빗물에 실려 가는
외로운 시어 같은

한밤의 메시지

베란다 한 구석에서
저리도 가벼웁게 저리도 무거웁게
온 밤을 적시는
귀뚤 귀뚤 목을 푸는 저 손님
문득 저 세상 너머에서 오는 소리인듯
먹먹한 귀속에다 길을 내어보면
잘 익은 문장이다 올해의 베스트셀러다
따갑게 울고 있는 가슴에다 밑줄을 그어놓고

살다보면 내 일 아닌 것이없다
시 같이 소설 같이 열길 암벽 같은
기억들도 버리지 못하면
가슴 한켠에 묻어 깊이 두어야 한다고

견디고 깨달아 행하는 일이
얼마나 먼먼 곳인가를
이 밤 이즈러지도록 일러주는
저 미물의 메시지!
휘파람 불며 유리창을 덜컹이는 바람과의 화음이
어느 명화 자막에 붙들어둔 대사 같이

내가 답글을 올리기 전에
쏟아져 나오는 저 말씀들
오늘 밤 저들을 온통 복사해 두어야겠다

신들의 행진

잠시의 게으름도 허용치 않는다
서로 마주 보고 서 있는 그들은
아득히 먼 곳에서 돌아와
주절주절 방언으로 말씀들 나눈,
볕과 그늘
그 경계에 평화가 꿈틀하자
먼 길 걸어 온 볕살에게
서늘한 몸을 조용히 뒷걸음 쳐 주는 그늘
밀고 당기며
볕살의 행진이 시작되는 자연의 신전神殿에선
조용한 팡파르도 울려 퍼졌어라
고물고물 그들만의 그림자 날개 옷으로
빈 들판을 걸어간다, 물러간다

문득 앞산이 내려보고
점점 그늘이 큰 자리를 펴가면서
옛다 어둠 한 덩이 던져주면
서로 부르며 대답하면서
그들은 어느 길도 가지 못하는
어둠은 신조차 지워버리는 시간이다

렌즈에 대한 헌사

아침마다 몸을 닦는 것은 그녀를 만나기 위해서다
그녀와 한 몸이 되기 위해서다

하루를 함께 살다 사람들이 밤을 끌 때면 우리도 함께 퇴근을 하곤 했었지

우리가 만나면
어둔 방이 온 세상이 꽃등으로 켜지는 하늘이었지 따스운 별이었지 그러나
내 어린별이여
세면대에서 감쪽같이 실종해버리곤 하는 너의 행방을 간절히 생각하며

자다 깬 밤중
세면대 하수구 어느 골목에서 슬프도록 투명한 미아의 울음을 듣는다
별이 뜨지 않는 하늘에 어둠이 너무 깊어

공휴일 스케치

하루 종일 잠을 자고 싶은 날
늦잠 든 승용차를 주인이 깨운다
빼꼭히 선 차선을 빠져 나오지 못해
울상이다 응석이다
건너편 철수네는 이사를 가나보다
고달픈 지게차가 들숨날숨이다
누가 주문한 빨간 피자 배달 차가
꽉 찬 차들 사이를 기웃거리다 지친 듯
그러게 내가 뭐랬어
누가 달콤한 주말이라고
저 봄 고운 얼굴들 사위어 가는데
봄날이 저편으로 흘러가는데

강물도 깨어지면 피를 흘린다

어제 밤 내린 폭우에 계곡물이 굽이굽이 몸부림치며 흘러간다 산다는 게 으레 그렇듯 진눈깨비 흩뿌리지 않는 그런 날만 있을까마는 숨어 있던 암반에 살점이 찍히고 돌부리에 차여 끝내는 몸이 조각조각 찢긴 저들, 울면서 흘러간다 푸념인 듯 슬픔인 듯 흘러간다

한갓 살아 있다는 사실이 몸부림친다는, 증오와 사랑으로 끝내 고산유수로 가는 길이라 하지만 물결이여 은밀히 말하건대 사람에게도 자못 슬픈 피가 흐르고 있어 긴긴 생의 험한 물길에 불어터진 발바닥엔 찐득한 고뇌의 붉은 피가, 겨울밤은 새도록 쿨럭 거리고 속절없이 맨발로 서있는 나무며 강물은 바람을 붙잡고 밤을 울어예기도, 생은 잔인 무모한 것이라고

빗방울 일기

지리산 뱀사골에 여장을 풀었다
내가 여울임을 안 것은
미루나무 언덕 밑을 지날 때였다

큰 바위 동네에서 만난 더 많은 친구들과
세상 구경하는 기쁨에 가슴이 콩닥콩닥

까마득히 멀어져가는 큰 물 동네를 바라보며
뒤에 가는 사람이 앞서가는 사람의
뒷모습을 놓치지 못하는 까닭을 알 것 같았다

햇빛 몇 다발 촘촘 건너편 갈대숲에선
강물로 가는 길이 보인다는 환호가 흥건한데
나도 덩달아 손발을 크게 휘저어본다

이제 옆구리가 조금씩 아려오지만 발이 부르트도록 가야 한다
암초를 만나도 험한 질주의 유혹에도
시간이 지나간 자리엔 눈도 바람도 멈추어 수심 더 깊어진다는데

어느 누군들 삶의 큰 바다에 방 한 칸 얻고 싶지 않으랴

풍문에만 듣던 바다 이야기에 강의 귀들이 솔깃하다

평설

지나간 사랑의 노래

황 정 산 (문학평론가, 대전대학교 교수)

우리는 사랑과 시간을 함께 생각하지 않는다. 사랑은 시간을 넘어 존재하는 것이라고 여긴다. 그래서 '사랑은 영원한 것' 이라든가 '사랑은 변하지 않는 것' 이라는 관념을 만든다. 하지만 사랑은 시간을 통해서만 존재한다. 다른 모든 것들과 마찬가지로 사랑 역시 시간이라는 물질적인 조건을 초월해서 존재할 수 없다. 그래서 사람들은 어떤 절대적인 것에 자신을 맡겨 그것을 사랑이라고 생각하거나 아니면 반대로 순간적인 쾌락을 사랑으로 착각하면서 살기도 한다.

김서언의 시는 바로 이런 사랑과 시간과의 관계에 대한 성찰을 담고 있다.

겨울 가고 봄이 오는 이치를 깨닫고 견디는 것이
얼마나 잔인한지를 아느냐고 물었지요
소통되지 않고 넘어질 때마다
남겨놓은 자의 뜨거운 수혈이 봄철을 당겨오는 길이 있다고

어제 밤 꿈길에서조차 놓지 못해
작은 발짓들이 홑이불을 걷어차고 있습니다

저 적막 같은 슬픔덩이가
쉬지 않고 펴져가는 사랑덩이가
억새풀 넘어 내게까지 수혈의 손을 뻗히나 봅니다
내 몸이 조금씩 순해져갑니다

피돌기 따라 발끝까지 흐르는 물결이
얼마나 행복한지를 알게 되니
더 그리웠던 지난날을 자꾸 호명해봅니다

—〈주남저수지를 만나다〉, 전문

시인은 주남저수지에서 철새떼를 보고 있다. 하지만 시인은 단순히 보는 것이 아니라 그것을 '만나다' 라고 표현하고 있다. 왜냐하면 주남저수지에서 철새떼를 보는 것은 언제든지 자신이 결정할 수 있는 것, 다시 말해 주체의 보는 행위가 아니가 그들과 시간을 통해 접속하는 일이기 때문이다. 그리고 그 접속

이 시인에게 피를 돌게 하고 몸을 순화시킨다.

그런데 시인은 왜 '사랑덩이' 와 '슬픔덩이' 를 동격으로 파악하고 있을까? 때를 맞추어 찾아와 자신을 만나고 있는 철새떼들이 자신의 몸에 생기를 불어넣는 사랑임은 쉽게 알 수 있겠으나 그것이 왜 슬픔과 함께 오는지는 쉽게 이해되지 않을지 모른다. 그것 역시 시간이기 때문이다. 사랑은 항상 "겨울 가고 봄이 오는 이치처럼" 시간을 통해 존재하는 것이기에 시인은 결코 사랑이 영원하다고 믿을 수 없다. 사랑이 간절할수록 그것의 시한을 깨닫지 않을 수 없다. 그러한 생각이 슬픔이라는 정조를 수반한다. "지난날을 자꾸 호명"하는 이유도 바로 여기에 있다. 사랑은 시간을 따라 존재하고 때문에 그것은 사라질 운명을 타고난 것이고 또한 그렇기에 사라진 사랑이 항상 그리운 것이다.

다음 시의 사랑은 좀 더 처절하다.

불덩이가
지친 마음과 몸을 달래어 준다는
그대의 말을 믿는다
연민처럼 피어올라
더 크게 더 깊게 살을 태우며
나를 먹어치운다
비바람 들이치는 날이면

여기저기 관절통 요통 손 발 저림
삐뚤삐뚤 야위어가는 생각에 싸여
환하게 독 오른 나
오래된 낡은 꿈이
바스락바스락 보채어 보는 오후
창 밖에 성화같은 봄비가 보슬보슬

—〈쑥 뜸을 하다〉, 전문

이 시에서 쑥뜸의 효능은 사랑의 힘을 비유하고 있다고 할 수 있다. 온몸을 뜨겁게 달구어 주고 살을 태우고 결국 자신을 먹어치우는 것이 바로 사랑이 가져오는 효과와 똑같다고 볼 수 있다. 하지만 그 사랑은 쑥뜸과 마찬가지로 한 순간의 짧은 시간 속에 존재한다. 세상 역시 시간의 흐름을 거역할 수 없다. 그래서 손발은 저리고 관절은 삐걱거린다. 하지만 '오래된 낡은 꿈'인 다른 사람과의 소통을 우리는 포기할 수 없다. 그래서 다시 쑥뜸과도 같은 사랑에 몸을 맡긴다.

다른 사람과 간극을 해소하고 소통의 길을 여는 것이 사랑의 시작이다. 하지만 이 사랑은 결코 쉬운 것이 아니다. 존재들 간의 벽이 너무 높고 단단하기 때문이다. 다음 시가 이를 잘 보여주고 있다.

어두컴컴한 벽을 마주보고 서 있는
구부정한 그를 보며 나무도 맹목으로 달리지 않음을 알았다

萬山한 몸집이 엄두가 나지 않아
조금 치켜 올렸다 놓았다 빙빙 빙그르 화분은
제 자리 걸음인 듯 끝내 이사한 집
햇살 한 됫박 바람 입맞춤에 하늘이 열린다

마음 가난하던 어제
무겁고 버거워 버릴 수도 가질 수도 없어
시뻘겋게 멍들었던 한 때
와장창 내던져버릴까
울컥 토해버릴까
세상이 그믐밤처럼 깊이 허물어져
화분보다 무겁던 이야기

지금쯤 어느 빈 들판을 쏘다니고 있는지

—〈관음죽 화분을 옮기면서〉, 전문

김서안 시인의 시의 특징이 가장 잘 나타난 작품이다. 김서안 시인은 삶의 소소한 계기들에서 얻게 된 깨달음을 소박하고 진솔하게 보여준다. 이 시 역시 관음죽 화분을 옮기면서 섬광처럼 스치고 간 삶의 한 부분을 잔잔하게 그려 보여주고 있다.

어두컴컴한 벽을 마주하고 서 있는 관음죽 화분은 시인이 보고 대하는 타인들의 모습이다. 자신을 확 제끼고 그러한 타인들의 삶에 육박해 들어가기를 시인은 항상 소망한다. 타인들과

의 사랑을 통해 그들과 소통하고 하나가 되고자 하는 것이다. 하지만 그것은 어려운 일이다. 화분을 조금 옮기는 것마저 힘든 것처럼 다른 존재와 소통하고 함께 한다는 것은 큰 힘이 필요한 것이기 때문이다. 그런데 우리는 항상 그러한 힘을 갖지 못하고 있다. 타인을 무거워하고 버거워한다. 그리고 사실 우리가 지내온 시간이라는 것이 이러한 고통의 기록이기도 하다. 시인은 화분 속에서 바로 그 고통의 기억들을 끄집어낸다.

그런데 그 고통의 근원은 무엇일까? 사랑을 한다고 하지만 타인과 합일과 소통을 이루지 못하고 자신의 욕망만을 고집하기 때문이다. 결국 사랑은 소유로 변질된다. 시인은 그것을 다음과 같이 안타깝게 얘기하고 있다.

> 티브이 화면에서 본
> 주머니 전시장
>
> 십장생 수가 놓인 귀 주머니
> 복자가 복스럽게 박혀있는 쌈지, 안경, 두루 주머니 등 등
> 손 위 어른이 아래 사람에게 하사하는
> 어느 것에도 복을 희망하는 복자가 별빛 같은데
>
> 눈길이 오래 멈추었던 그 이름
> 향낭!
> 궁중 나인의 애틋한 사랑이 숨겨진

마른 꽃을 담은 향주머니 가득한

그 놈의 복, 복이 무엇이길래
그 향주머니에는 오랫동안 슬픈 사랑을 위로하다지만
복福 복 자가 가로세로 낭자한 울음을 터트리고 있다

—〈福 이야기〉, 전문

복은 모든 물질적 욕망의 대명사다. 그리고 모든 것을 소유해야 복이 있다고 말들을 한다. 돈과 권력 그리고 오래오래 살면서 시간까지 소유해야 한다고 생각한다. 그런데 그 복자가 향낭에까지 새겨져 있는 것을 보고 시인은 슬픔을 감추지 못한다. 소유의 욕망이 사랑까지 지배하고 있는 것이다.

우기가 항상 사랑을 말하면서도 정작 사랑의 실천이 힘든 이유는 바로 그런 것일 게다. 사랑을 소유로 여겨 그것을 주머니에 담아야 한다는 생각이 결국 사랑이 없는 욕망의 추구만이 범람하는 세상을 만들었을 것이다.

하지만 그럼에도 타인들과의 소통은 멈출 수 없다.

베란다 한 구석에서
저리도 가벼웁게 저리도 무거웁게
온 밤을 적시는
귀뚤 귀뚤 목을 푸는 저 손님
잘 익은 문장이다 올해의 베스트셀러다

구비치는 슬픔에 밑줄을 그어야지
버려야 할 찌꺼기도 버릴 곳이 없다면
가슴 한 구석에 쟁여 두어야 한다고
견디고 깨달아 행하는 일이
얼마나 먼먼 곳인가를
이 밤 이지러지도록 일러주는
저 미물의 메시지!
휘파람을 불며 유리창을 덜컹이는 바람과의 화음이
어느 영화 자막에 붙들어둔 멋진 대사 같은 밤
내가 답글을 올리기 전에
쏟아져 나오는 저 말씀들
오늘 밤 저들을 온통 복사해 두어야겠다

—〈한밤의 메시지〉, 전문

시인은 귀뚜라미의 울음에서 말씀을 듣는다. 그것은 복사해서 보관해야 할 메일이고 메시지다. 미물의 울음소리가 이리 소중한 까닭은 그것이 어떤 완전한 소통을 가능하게 해주는 '잘 익은 문장' 이라고 생각하기 때문이다. 왜냐하면 거기에는 어떤 욕망도 들어있지 않기 때문이다. 무엇을 전해야 한다는 의도를 담고 있지도 않고 격식이나 의례도 필요로 하지 않는다. 그저 '바람과의 화음' 인 것처럼 세상과 소통을 하고 '영화의 자막' 처럼 멋진 세상의 꿈을 선사한다. 그런 소통의 언어를 시인은 꿈꾸고 있다. 이 소통의 언어를 통해 시인은 다른 존재

들과의 사랑이 가능하다고 믿고 있다. 그런데 그 언어는 바로 시가 아닐까 생각해 본다. 아무것도 소유할 수 없어 복으로 환원되지 않는 언어 그것은 시 말고 무엇이겠는가?

김서안 시인이 시를 쓰는 이유는 바로 이 소통과 사랑을 위해서이다. 그렇지만 앞서도 지적했듯이 이 사랑은 오직 시간을 통해서만 가능하다. 그 시간의 안타까움을 시인은 다음과 같이 표현하고 있다.

나무도 마주 보고 사는 세상
이곳은 텅텅 비어있어
바람이 되어 사라져 버린
네 바람 속의 나
오늘 바람 맞았다
손 전화엔 당신의 기호를 묻는 광고문뿐
3시와 3시 사이 강물 위 다리는 흘러 무너트렸다

그러나 동서로 드리운 구름가지가 한때는
내가 네게도 기다리는 울음을 실은 적 있었지

언제 풀릴지 모르는 통화 이탈지역에서
바람을 맞으며 유령처럼 서있다

—〈바람을 건너는 법〉, 부분

항상 우리는 바람맞고 살고 있는지도 모른다. 사람들과의 소통과 만남이 끝없이 지연되고 있기 때문이다. 데리다라는 철학자는 이를 '차연Différance' 이라는 말로 유식하게 표현하기도 했다. 진정한 소통이나 진실은 존재하지 않고 그것을 표현하는 기표들의 연쇄로 끝없이 지연된다는 것이다. 지연된다는 것은 시간의 흐름 속에 존재한다는 것이다. 시인은 그것을 '3시와 3시 사이' 라는 재밌는 말로 표현하고 있다. 3시와 3시 사이에도 시간은 흐르고 있고 그 시간 사이에서 나와 그는 서로 소통하지 못하고 통화 이탈지역에서 머물고 있다.

가만히 손 끝 들여다보면
작은 일에도 손톱에 가시로 꽂힙니다

힘든 속내 울컥울컥 마음 놓고 내뱉을 수 있는
동네 가운데 키 작은 산
벌레 먹은 잎새 꺾어진 가지도 정겨워라
쑥대 강아지풀 마디풀 쇠비름 큰 대로 작은 대로
어느 누구 무엇 하나 탐하지 않고
저희들끼리 터를 가꾸며 살아가는 풀잎 동네
바람이 달려옵니다
마중하듯 그들은 일제히 바람의 등을 탑니다
더 이상 발끝 저려 흔들리는 길에선
풀잎도 우우— 울음보를 터뜨리고

겪어진 허리 잘릴 줄도 알아야 한다고
제 몸도 내어 주어야 한다고 일러줍니다

생각의 가지에 스뭄스뭄 풀물이 배입니다

—〈풀잎에게 듣다〉, 전문

타인과의 소통과 사랑을 시인은 풀잎에서 배우고자 한다. 한없이 낮은 생명을 들여다 봄으로써 거기에서 깨달음을 얻고 있다. 어떤 것도 탐하지 않고 자신을 내세우지 않고 함께 흔들리며 사는 '풀잎 동네' 에서 제몸을 내어주는 법을 터득한다. 그리고 자신의 생각에 파란 풀물처럼 타인의 생명이 들어옴을 느끼게 되는 것이다.

그런데 타인의 생명이 들어온다는 것은 무엇일까? 그것은 타인의 시간을 이해한다는 것이다. 우리는 사랑을 위해 시간을 소유하려고 한다. 그래서 항상 젊어지려고 노력한다. 최근 일고 있는 동안에의 열풍이 바로 그런 것을 잘 말해준다. 하지만 앞서도 지적했듯이 사랑을 위한 시간은 끝없이 연기된다. 시간을 소유하여 사랑을 할 수는 없다는 것이다. 사랑은 시간을 통해 오는 것이지만 그 시간을 가질 수 없기에 우리는 사랑을 차지할 수 없다. 그렇기에 아무리 바쁘게 살아도 타인과 소통이 점점 어려워지고 사랑의 실천은 더더욱 힘들어진다.

타인의 시간을 이해하기 위해서는 타인의 기억을 더듬어야

한다. 타자를 이해하고 그 타자의 존재의 의미를 아는 것은 그 존재가 가진 시간의 깊이 즉 기억을 이해하는 것이다. 그것이 어쩌면 이 시대 우리가 꿈꿀 수 있는 진정한 사랑이 아닐까 생각해 본다.

김서안 시인은 바로 그 방식으로 어머니에 대한 사랑을 다시 일깨운다.

여자의 일생에 눈시울을 적시던
어머니 당신에게
오늘은 구름 한 자락 당겨서
주소 없는 주소에 편지를 드리고 싶습니다
그래도 남아 있는 말 있어
당신의 부재를 아프게 눌러보면
뚜–뚜 이 번호는 없는 전화번호이니…

—〈가을 편지〉, 부분

어머니가 기억을 채움으로써 시인은 어머니의 사랑을 확인한다. 기억을 이해해야 사랑하는 것이라면 사랑은 항상 지나간 시간 속에서만 만날 수 있다.

사랑은 차지하는 것, 사랑은 만들어 가는 것이라고들 한다. 그럴 때 사랑은 소유와 다를 바 없다. 사랑은 사라지고 욕망만이 남는다. 사랑은 시간 속에 존재한다. 그것도 흘러간 시간 속에 존재한다. 사라져 가는 것들의 기억을 더듬는 일 그것이 바

로 사랑이다. 김서안 시인의 시들은 바로 이런 사랑에 대한 탐색이다. 그의 시들을 읽다 보면 이러한 지나간 시간들이 다시 오래된 사랑의 희미한 기억처럼 밀려든다.

JN439381